Vente du Mardi 23 Octobre 1888

APRÈS FAILLITE

HOTEL DROUOT, SALLE N° 3

TABLEAUX MODERNES

Quelques Tableaux anciens

AQUARELLES ET PASTELS

EXPOSITION PUBLIQUE

Le Lundi 22 Octobre 1888

DE 1 HEURE A 5 HEURES

<table>
<tr><td>COMMISSAIRE-PRISEUR :</td><td>EXPERT :</td></tr>
<tr><td>Me LÉON TUAL</td><td>M. EUG. FERAL, Peintre</td></tr>
<tr><td>56, rue de la Victoire</td><td>54, Faubourg-Montmartre</td></tr>
</table>

CATALOGUE

DE

TABLEAUX MODERNES

PAR

BEAUQUESNE, CHELMONSKI, CORCOS, DELAUNAY,
DEJONGHE, GARRIDO, GOENEUTE, GOUPIL, GUDIN, HAMMAN, KARLOVSZKY,
MIRALLÉS, SIÉGEN, TRAYER, ETC., ETC.

TABLEAUX ANCIENS

PAR

CRAESBEECK, HELTZ, OSTADE, TH. WYCK, ETC.

AQUARELLES et PASTELS

Dont la vente aura lieu, après faillite

HOTEL DROUOT, SALLE N° 3

Le Mardi 23 Octobre 1888

Par le Ministère de M° **Léon TUAL**, Commissaire-Priseur,
56, rue de la Victoire,

Assisté de M. **Eug. FÉRAL**, Peintre-Expert, 54, Faubourg-Montmartre

Chez lesquels se trouve le présent Catalogue

EXPOSITION PUBLIQUE

LE LUNDI 22 OCTOBRE 1888

DE 1 HEURE A 5 HEURES

CONDITIONS DE LA VENTE

Elle sera faite au comptant.

Les acquéreurs payeront en sus des enchères 5 0/0, applicables aux frais.

L'exposition mettant le public à même de se rendre compte des tableaux à vendre, et vu la nature judiciaire de la vente, aucune réclamation ne sera admise, une fois l'adjudication prononcée.

TABLEAUX MODERNES

BEAUQUESNE.

1. — La Dernière cartouche.

BELOT (A.).

(Deux pendants.)

2-3. — Jeunes femmes, en buste.

BÉNARD (H.).

4. — Le Rendez-vous, au bal de l'Opéra.

BENT (Van der).

5. — Marine.

BENT (Van der).

6. — Mer houleuse.

BOS (Van den).

7. — Le Printemps.

BOS (Van den).

8. — La Promenade dans le parc.

BRÉAUTÉ.

9. — Le Petit musicien.

BREDOW (A.).

10. — En Norvège.

BREHLING.

11. — Halte de chasse.

CHAMBORD.

(Deux pendants.)

12. — Le Lawn-tennis.
13. — Le Croquet.

CHELMONSKI (Joseph).

14. — Chevaux dans les steppes (Russie).

CIOTTA.

15. — Les Quais, à Venise.

COLLIN.

(Deux pendants.)

16. — Au bord du golfe de Naples.
17. — Plage à marée basse.

CORCOS (V.).

18. — Sur la plage.

D'ALBON (J.).

19. — Jeune femme tenant une ombrelle.

DAVRE.

20. — L'Abreuvoir.

DELAUNAY.

(Deux pendants.)

21 22. — Paysages, bords de rivières. — Effet de neige
et effet de clair de lune.

DEJONGHE (G.).

23. — L'Éducation du perroquet.

DELLA ROCA.

24. — Le Bon bulletin.

DELLA ROCA.

25. — Avant la promenade.

DESHAYES.

(Deux pendants.)

26. — Villers-sur-Marne. (Effet du matin.)

27. — Aux étangs de Cernay-la-Ville. (Effet du soir.)

DUMONT (E.).

28. — L'Abreuvoir.

DUVAL (P.).

29. — Corinne.

DUVAL (P.).

30. — La Promenade dans le parc.

DUVAL (P.).

31. — Dans l'atelier.

EBNER (Louis).

32. — La Tricoteuse.

FERNANDEZ (R.-P.).

33. — Le Corps de garde.

GARAY (M. DE).

34. — La Bouquetière.

GARAY (M. DE).

(Deux pendants.

35. — La Modiste.
36. — La Soubrette.

GARAY (M. DE).

(Deux pendants.)

37-38. — Femmes costumées.

Aquarelles.

GARRIDO (E.-L.).

39. — Portrait de jeune femme.

GARRIDO (E.-L.).

40. — Femme espagnole.

GARRIDO (E.-L.).

41. — L'Hiver.

GIROUX (E.).

42. — La Nymphe moderne.

GIROUX (E.).

43. — Jeune femme, en buste.

GOENEUTE (NORBERT).

44. — Le Moulin à la galette.

GOTZELMANN.

(Deux pendants.)

45-46. — L'Abreuvoir et le Retour à la ferme.

GOTZELMANN.

(Deux pendants.)

47. — Vaches au pâturage.

48. — Le Retour à la ferme.

GOUPIL (L.).

49. — Portrait de femme.

GROS (P.-A.).

50. — Le Lac du Bois de Boulogne.

Aquarelle.

GUDIN (Th.).

51. — Après la tempête. Soleil couchant.

Salon de 1858.

GUYOT (J.-L.).

52. — Le Chemin du marché.

GUYOT (J.-L.).

53. — Brebis et ses petits.

GUYOT (J.-L.).

54. — La Bergerie.

GUYOT (J.-L.).

55. — Moutons.

Étude.

HAAG (J.).

(Deux pendants.)

56. — Départ pour la chasse.
57. — Promenade au bois.

HAMMAN fils.

58. — Vaches à l'abreuvoir.

HAUSLEITNER (J.).

59. — Le Rendez-vous dans le parc.

HENRI (François.)

60. — Port de mer en Italie.

HENRY (F.).

(Deux pendants.)

61-62. — Vues de Constantinople.

HOLTL (J.).

63. — Le Refus du pardon.

HULST (J. Van der).

64. — Le Port d'Anvers.

HULST (J. Van der).

65. — Environs de Venise.

HYON (G.).

66. — Soldat à cheval.

JASPE (A.).

67. — Un Jour de fête, aux environs de Séville.

JASPE (A.)

68. — Le Petit pêcheur à la ligne.

JOHN (R.).

69. — Mer houleuse.

JULIENNE.

(Deux pendants.)

70-71. — Coq et poules.

KARLOVSZKY (B.).

72. — Le *Journal amusant*.

Salon de 1886.

KARLOVSZKY (B.).

73. — Tête de femme.

Pastel.

KARLOVSZKY (B.).

74. — Femme assise.

Étude au pastel.

KAUFMAN (A.).

75. — Les Moulins.

KAUFMAN (A.).

76. — Paysage. Effet de neige.

KAY (HERMAN).

77. — La Diseuse de bonne aventure.

KNOOP (VAN).

78. — Florentin pinçant de la mandoline.

KNOOP (VAN).

79. — Le Déjeuner du perroquet.

KNOOP (VAN).

80. — Même sujet que le numéro précédent.

KUHL.

81. — A la fenêtre.

KUHL.

82. — Le Petit bottier.

LANGER (Xavier).

83. — Marine et bateaux à voiles.

LANGER (Xavier).

84. — Paysage. Effet de neige.

LATOUR.

(Deux pendants.)

85-86. — La Promenade.

LEBLANC.

87. — La Lecture dans le parc.

LEGRAND.

88. — La Chaumière.

LIBERT.

89. — Le Cellier.

LIER (VAN).

90. — Pêcheurs sur la plage.

MANFIELD.

(Quatre tableaux faisant pendants.)

91-92-93-94. — Fruits et objets divers. sur des tables.

MIRALLÈS (E.).

95. — Les Joueurs de cartes.

MIRALLÈS (E.).

96. — Le Trouvère.

MIRALLÈS (E.).

97. — Le Toréador.

MIRALLÈS (E.).

98. — La Sortie de bal.

MOORMANS (Franz).

99. — La Lecture.

100. — Le Concert.

101. — Le Déjeuner.

102. — La Corbeille de fruits.

MUNIER.

103. — Pâturage normand.

MUNSCH.

(Deux pendants.)

104-105. — Paysages. — Vues prises dans la haute Autriche.

NINO CARDI.

106. — Un cellier, en Italie.

PÉRIER (J.).

107. — Chemin sous bois.

PÉRIER (J.).

108. — Le Braconnier.

PÉRIER (J.).

109. — Chemin sous bois.

PERSOGLIA.

(Quatre pendants.)

110. — Le Billet.

111. — La Musicienne.

112. — Le Vase de fleurs.

113. — La Toilette.

PLASENT (Gomez).

114. — Sur les Boulevards.

PLASENT (G.)

115. — Les Boulevards, en hiver.

ROBICHON.

116. — Livres et objets divers.

ROMAROSZKY.

117. — Ferme russe.

ROSSERT.

118. — La Plage de Cabourg.

RUSS (F.).

(Deux pendants.)

119-120. — Les Musiciennes.

RUSTON.

(Deux pendants.)

121-122. — Le Bal et la Perruche.

RUSTON.

(Trois pendants.)

123. — La Promenade.

124. — Les Préparatifs pour le bal.

125. — La Bouquetière.

SALTINI.

126. — Le Guitariste.

SCHORK.

(Deux pendants.)

127. — Sur la plage.

128. — Sur la terrasse.

SESINA.

Deux pendants.)

129-130. — Intérieurs de cabaret.

SIEGEN (Aug.).

(Deux pendants.)

131. — La Cathédrale d'Amiens.

132. — La Cathédrale de Milan.

SIEGEN (Aug.).

(Deux pendants.)

133. — La Place du Seigneur, à Vienne.

134. — L'Hôtel de ville, à Sienne.

SIEGEN (Aug.).

(Trois pendants.)

135. — Vue de Rotterdam.

136. — Une rue à Naples.

137. — Vue de La Haye.

SIEGEN (Aug.).

(Cinq tableaux faisant pendants.)

138. — Naples.

139. — Florence.

140. — Altona.

141. — Rome.

142. — Westerof.

SMITH.

143. — Canal glacé, en Hollande.

STURANYI (J.).

144. — L'Indiscrète.

STURANYI (J.).

145. — L'Attente.

THOMAS.

(Trois tableaux faisant pendants.)

146-147-148. — Moulins, en Suisse.

TRAYER (Jules).

149. — Pendant les vacances.

Salon de 1859.

VALÉRO.

(Deux pendants.)

150-151. — Femmes espagnoles.

VERDI (E.).

(Deux pendants.)

152-153. — Fillettes cueillant des fleurs.

Peintures sur fond or.

VILLIERS (L.).

154. — Les bords d'un lac, en Norvège. Effet de clair de
lune.

WEBER (Th.).

(Deux pendants.)

155. — Psanatia (près Constantinople).

156. — L'Ile des Princes. (Mer de Marmara.)

WOLFRAM.

157. — Chevaux arabes.

ÉCOLE MODERNE.

158. — Nymphe et Amour.

INITIALES B. C. K.

159. — L'Approche de l'orage.

TABLEAUX ANCIENS

CRAESBEECK.

160. — Le Chirurgien de village.

DRECHLER (Jean).

(Deux pendants.)

161-162. — Fleurs et fruits.

GRIFFIER.

(Deux pendants.)

163-164. — Vues des bords du Rhin

HELST (B. van der).

165. — Portrait de femme vue à mi-corps.

OSTADE (Isaac).

166. — Charcutier hollandais.

SCHALKEN (attribué à).

167. — Femme à une fenêtre. Effet de lumière.

STEEN (d'après J.).

168. — Le Concert.

TERBURG (d'après).

169. — La Missive.

WYCK (Thomas).

170. — Marché, aux environs de Rome.

ÉCOLE ALLEMANDE.

171. — Portrait d'un bourgmestre.

ÉCOLE FLAMANDE.

172. — Portrait d'un officier.

ÉCOLE FRANÇAISE.

173. — Figures et monuments en ruines.

ÉCOLE HOLLANDAISE.

(Deux pendants.)

174-175. — Paysages avec chutes d'eau et animaux au premier plan.

INCONNU.

(Deux pendants.)

176-177. — Paysages et figures.

Peintures sur marbre.

TABLEAUX

NON ENCADRÉS

BERBERY.

(Deux pendants.)

178. — Paysage.

179. — Marine. Clair de lune.

BRÉAUTÉ.

180. — Une Sibylle.

CALAME (attribué à).

181. — Village de Au. dans la forêt de Bregeht.

DALMONT.

182. — Vue de Norvège.

DELACROIX (Eugène).

183. — Jeune fille couchée au bord d'une rivière.

DUVAL.

184. — Corinne.

GIROUX (E).

185. — Jeune femme à sa toilette.

GUIDUI.

186. — Le Cardinal Mazarin.

GUYOT (J.-L.).

187. — Moutons au pâturage.

HENRY.

(Deux pendants.)

188-189. — Vues de Constantinople.

HULST (J. VAN DER).

190. — Vue de Hollande. (Clair de lune.)

HULST.

(Deux pendants.)

191. — Vue de Hollande.

192. — Le Port d'Anvers.

HULST.

(Deux pendants.)

193 194. — Vues d'Anvers.

KNOOP.

195. — Soldat, au cabaret.

LEGRAND (J.).

196. — Paysage et animaux.

LEGRAND (J.).

197. — La Récolte des foins.

PÉRIER.

198. — Le Chemin du village.

RAU (E.).

199. — Femme du Tyrol.

SIEGEN.

200. — Vue de Rotterdam.

VOGLER.

(Deux pendants.)

201. — Intérieur de cabaret.
202. — L'Armurier.

ÉCOLE MODERNE.

203. — Le Prisonnier.

ÉCOLE FRANÇAISE.

204. — Nymphe, dans un paysage.

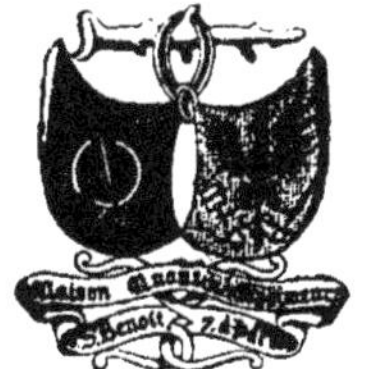